_____ 학교 ____ 학년____반 _____ 의 책이에요.

'체험학습'이란 책에서나 수업 시간에 배운 지식을 실제 현장에서 직접 경험해 보는 공부 방법이에요. 단순히 전시된 물건을 관람하거나 공연을 보는 것이 아니라 학습을 하기 전에 미리 필요한 정보를 조사하는 것까지를 포함한 모든 활동을 의미해요. 어떻게 공부할 것인지를 준비하면 그렇지 않은 경우보다 훨씬 더 많은 것을 보고 느끼게 되겠지요. 이 책은 체험학습을 하려는 어린이들에게 좋은 길잡이 역할을 할 거예요.

❶ 가기 전에 읽어 보세요

이 책은 체험학습 현장을 어린이들이 쉽게 이해할 수 있도록 풀이한 안내서예요. 어린이들이 직접 체험학습 현장을 찾아가는 데 필요한 정보가 들어 있어요. 체험학습 현장을 가기 전에 꼼꼼히 읽어 보세요.

❷ 현장에서 비교해 보세요

국회의사당은 우리나라의 민주주의를 상징하는 곳이에요. 제헌 국회부터 지금까지 우리 국회에는 무슨 일이 있었는지, 역대 국회 의사당은 어떠했는지, 국회 의원들은 국회에서 무슨 일을 하는지도 함께 알아보아요.

❸ 스스로 활동해 보세요

이 시리즈는 단지 지식을 전달하기 위한 교양서가 아니에요. 어린이 여러분이 교과서로 수업 시간에 배운 내용을 실제 현장에서 직접 체험하며 익힐 수 있도록 다양한 활동 내용을 담았지요. 책 중간이나 뒷부분에 이해를 돕기 위한 활동이 있으니 꼭 스스로 정리해 보세요.

❹ 견학 후 활동이 다양해요

체험학습 후에는 반드시 견학 후 여러 가지 활동을 해 보세요. 보고서 쓰기, 신문 만들기, 그림 그리기 등을 통해 체험학습에서 보고 들은 내용을 다시 한번 정리하면 알찬 체험학습이 될 거예요.

신나는 교과 체험학습 35

우리나라의 민주주의를 가꾸어 가는 곳 국회의사당

초판 1쇄 발행 | 2007. 10. 31.
개정 3판 4쇄 발행 | 2023. 11. 10.

글 임현정 | **그림** 장정오

발행처 김영사 | **발행인** 고세규
등록번호 제 406-2003-036호 | **등록일자** 1979. 5. 17.
주소 경기도 파주시 문발로 197(우10881)
전화 마케팅부 031-955-3100 | 편집부 031-955-3113~20 | 팩스 031-955-3111

값은 표지에 있습니다.
ISBN 978-89-349-9650-7 64000
ISBN 978-89-349-8306-4 (세트)

좋은 독자가 좋은 책을 만듭니다. 김영사는 독자 여러분의 의견에 항상 귀 기울이고 있습니다.
전자우편 book@gimmyoung.com | 홈페이지 www.gimmyoungjr.com

*40~41쪽의 국회 의원 모의체험은 민주화운동기념사업회의 민주화 현장 체험 행사에 우이초등학교 6학년 5반 학생들이 참여한 것입니다.(2007년)

어린이제품 안전특별법에 의한 표시사항

제품명 도서 **제조년월일** 2023년 11월 10일 **제조사명** 김영사 **주소** 10881 경기도 파주시 문발로 197
전화번호 031-955-3100 **제조국명** 대한민국 ⚠**주의** 책 모서리에 찍히거나 책장에 베이지 않게 조심하세요.

우리나라의 민주주의를 가꾸어 가는 곳

국회의사당

글 임헌평 그림 장정오

주니어김영사

차례

국회의사당에 가기 전에

미리 준비하세요

1. 준비물 《국회의사당》 책, 수첩과 연필, 사진기, 가방

2. 예약과 예습은 필수! 국회의사당과 헌정기념관의 의정체험관에 가려면
3일 전에 미리 예약(국회방문자센터 홈페이지에서 참관신청 클릭!)하세요.

미리 알아 두세요

1. 관람 시간

월~금요일	오전 9시 – 오후 6시
토요일	오전 9시 – 오후 1시

※공휴일, 일요일, 국회개원기념일(5.31)은 쉬는 날이에요.

2. 관람료   무료
3. 문 의   국회방문자센터 02)6788–2865, 4865
            홈페이지 http://memorial.assembly.go.kr
4. 주 소   서울시 영등포구 의사당대로 1
5. 주의할 점   ① 본회의가 있거나 국회 경호·경비 등이 있으면 참관할 수 없어
            요.(헌정기념관은 관람 가능)
            ② 예약 시간 10분 전까지 헌정기념관 또는 국회의사당 참관접수
            처에 도착해야 해요.

국회의사당에 가는 방법

1. 버 스   153, 162, 260, 362, 461, 463,
            5615, 5618, 6623, 7613
2. 지하철   9호선 국회의사당역 1번, 6번 출
            구로 나와 걸어갈 수 있어요.
            5호선 여의도역 5번 출구로 나와
            버스를 타고 갈 수 있어요.

국회의사당은요……

국민의 뜻을 모아 내가 국회에 왔어.

우리는 국민이 나라의 주인이며 국민을 위한 정치를 하는 민주주의 국가에서 살고 있어요. 왕이 모든 권력을 가지고 있었던 옛날과는 다르지요. 옛날에는 왕의 뜻대로 정치를 펼쳤다면 요즘은 국민들이 직접 정치에 참여할 수가 있답니다. 그렇다면 나라의 주인인 국민은 어떻게 해야 자신의 뜻을 정치에 반영시킬까요? 모든 국민이 직접 정치에 참여하는 것이 가장 좋겠지만 모든 국민이 한자리에 모이기는 어려워요. 그럼 어떻게 해야 할까요? 학급 회장이 학급 대표로 전교 어린이회의에 참석하듯이 국민의 뜻을 전달할 수 있는 사람을 대표로 뽑아 국민의 의견을 전달하도록 한답니다. 이런 사람이 바로 국회 의원이지요. 그래서 국회는 민주주의의 상징이라고 할 만큼 중요한 기관이랍니다.

자, 그럼 국회가 열리는 국회의사당으로 출발해 볼까요?

국회가 열리는 국회의사당으로 출발해 볼까요?

국회의사당에는 무엇이 있을까요?

우리나라 국회가 처음 열린 뒤 현재의 20대 국회에 이르기까지 그 모습과 규칙, 회의를 하는 장소까지 참 많은 변화가 있었답니다. 이제 국회의사당과 헌정기념관 등 각종 건물을 돌아보며 지난 60년간의 변화가 갖는 크고 작은 의미들을 찾아보기로 해요.

❶ 국회의사당
국회 의원들이 각종 회의를 하는 장소예요.

❷ 운동장
예약을 하면 누구든지 공놀이를 할 수 있어요. 자전거와 인라인 스케이트는 탈 수 없어요.

❸ 국회후생관
휴식 공간으로 간단한 음식을 사 먹을 수도 있어.

❹ 의원회관
국회 의원들이 국회 업무를 하는 사무실이 있어요.

❺ 분수대
분수가 시원하게 솟아 나오고 주변에 화단이 예쁘게 만들어져 있어요.

이렇게 둘러보면 좋아요!

국회의사당 참관	→	의원회관 건물 밖에서 보기

1. 국회의사당 참관은 예약을 해야 내부를 돌아볼 수 있어요.
2. 작은 가방만 가지고 들어갈 수 있어요.
3. 꼭 참관 안내자를 따라다녀야 해요.
4. 지정된 곳에서만 사진을 찍을 수 있어요.
5. 조용히 관람하도록 해요.
6. 국회의사당 참관은 40분 정도 걸려요. 그래서 의정체험관 방문 은 국회의사당 참관 시간 1시간 뒤로 예약하는 것이 좋아요.

❾ 의원동산

2011년에 지어진 전통 한옥인
'사랑재'가 있어요.

❽ 헌정기념관

의회정치와 관련된 각종
자료들을 수집하여 전시하
고 있어요.

❼ 국회의정관

현재 국회도서관은 자료를 보관하
기에 좁아 새로 지은 건물이에요.
국회 방송국, 의정연수원 등의 시
설이 갖추어져 있어요.

❻ 국회도서관

나라 살림을 돌보고 연구하
는 데 필요한 각종 자료들
이 있어요.

헌정기념관 관람	→	의원동산에서 점심식사	→	국회도서관 및 국회 주변 둘러보기

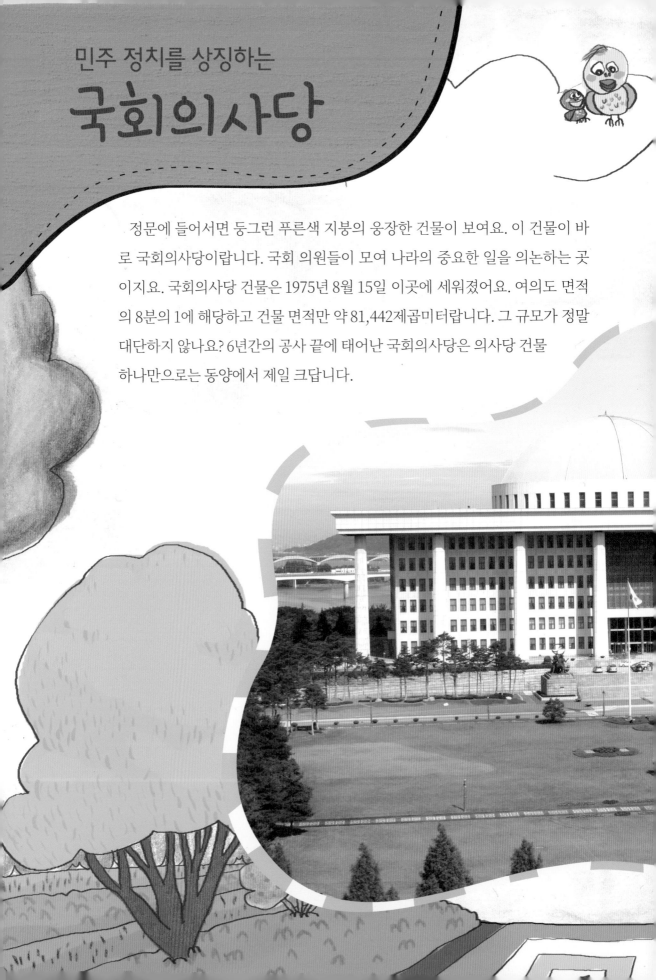

민주 정치를 상징하는
국회의사당

정문에 들어서면 둥그런 푸른색 지붕의 웅장한 건물이 보여요. 이 건물이 바로 국회의사당이랍니다. 국회 의원들이 모여 나라의 중요한 일을 의논하는 곳이지요. 국회의사당 건물은 1975년 8월 15일 이곳에 세워졌어요. 여의도 면적의 8분의 1에 해당하고 건물 면적만 약 81,442제곱미터랍니다. 그 규모가 정말 대단하지 않나요? 6년간의 공사 끝에 태어난 국회의사당은 의사당 건물 하나만으로는 동양에서 제일 크답니다.

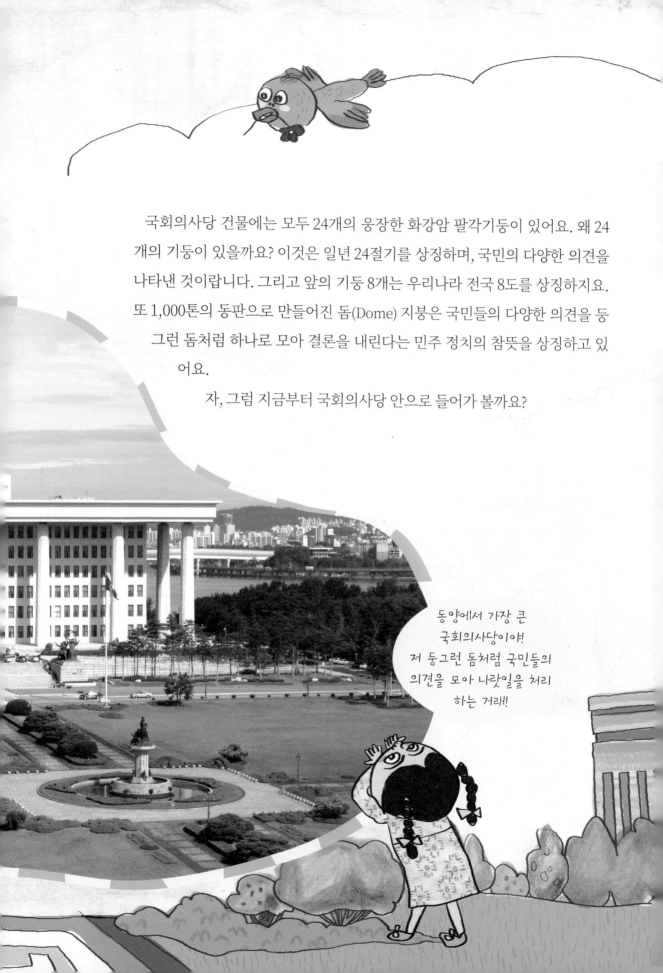

국회의사당 건물에는 모두 24개의 웅장한 화강암 팔각기둥이 있어요. 왜 24개의 기둥이 있을까요? 이것은 일년 24절기를 상징하며, 국민의 다양한 의견을 나타낸 것이랍니다. 그리고 앞의 기둥 8개는 우리나라 전국 8도를 상징하지요. 또 1,000톤의 동판으로 만들어진 돔(Dome) 지붕은 국민들의 다양한 의견을 둥그런 돔처럼 하나로 모아 결론을 내린다는 민주 정치의 참뜻을 상징하고 있어요.

자, 그럼 지금부터 국회의사당 안으로 들어가 볼까요?

동양에서 가장 큰 국회의사당이야! 저 둥그런 돔처럼 국민들의 의견을 모아 나랏일을 처리하는 거래!

국회의사당은 처음부터 여의도에 있었나요?

국회의사당을 참관할 때 가장 먼저 보게 되는 곳은 4층 전시실이에요. 이곳에는 우리나라 국회가 그동안 어떤 일이 있었는지 그 역사가 전시되어 있지요. 그리고 정당들의 변천사, 선거 제도의 변화까지 볼 수 있어요. 이곳을 돌아보고 나면 여의도에 국회의사당이 세워지기까

역대 국회의사당

국회 의원들이 나랏일을 보는 곳이 처음부터 여의도에 있었던 것은 아니에요.
다사다난한 우리 역사만큼 국회 건물도 많이 바뀌었지요.
그 변화를 국회의사당 4층 전시실에서 한눈에 볼 수 있어요.

제헌국회 때의 국회의사당

중앙청 건물
제헌 국회는 중앙청 회의실에서 시작되었어요. 이 건물은 옛 조선총독부 건물이므로 국가의 일을 처리하는 곳으로 사용하는 것이 옳지 않다는 생각에 1986년부터 국립중앙박물관으로 사용하였답니다. 그러다 1995년 8 · 15 광복 50주년을 맞아 무너뜨렸어요.

한국전쟁 때의 국회의사당

경남도청의 무덕전
한국 전쟁 기간 중에 국회 건물로 사용되었던 무덕전이에요. 이외에도 대구의 문화극장, 부산의 문화극장 등이 국회 건물로 사용되었어요.

지 어떤 일들이 있었는지 알게 될 거예요.

　광복 이후 우리나라가 남북으로 갈라진 상황에서 1948년 5월 31일 중앙정부청사회의실에서 제헌 국회가 탄생했어요. 그 해 5월 10일 선거에서 198인의 제헌 국회 의원을 뽑고, 7월 12일에 통과된 헌법안을 7월 17일에 공포했지요.

　한국 전쟁 때는 대구, 부산 등지의 극장, 서울시민회관 별관 등을 국회의사당으로 사용하기도 했어요. 그리고 1959년에는 남산에 제4대국회 국회의사당을 세우려 했으나 중단되었지요. 그러다 1975년 여의도에 지금의 국회의사당을 세웠답니다. 그동안 우리 국회는 온갖 어려움들을 이겨 내며 의회 민주 정치의 발전을 위해 힘썼지요.

⊛ 제헌 국회
8·15 광복 후 나라를 다스리기 위한 가장 기본법인 헌법을 만들기 위해 처음으로 구성된 국회예요.

⊛ 공포
새로 만들어진 법령이나 조약 등을 국민에게 두루 알리는 일을 말해요.

한국전쟁 때의 또다른 국회의사당

서울특별시의회 건물
서울 대평로에 위치한 이 건물은 시민회관이었던 서울 불수하여 제대에 대구에서 1일 7월 7일 메이에 베이일 8일까지 국회의사당으로 사용했어요. 현재는 서울특별시의회 건물로 보수하여 사용하고 있어요.

현재의 국회의사당

여의도 국회의사당
여의도에 약 330,580제곱미터의 땅을 마련하고 1969년 7월 17일 제헌절에 맞춰 공사를 시작하여 1975년 8월 15일 국회의사당 본관 건물의 공사가 끝났어요. 그 해 9월 1일 태평로 국회의사당에서 옮겨 와 9월 22일 정기 국회를 시작하며 여의도에서 새로운 국회의 역사를 열었지요.

여기는 로턴다 홀이에요

4층 전시실에서 아래를 내려다 보면 한가운데에 텅 비어 있는 공간이 있어요. 푸른색 돔 지붕 바로 밑에서부터 바닥까지 이어지는 커다란 공간이에요. 이 공간의 맨 밑바닥이 바로 로턴다 홀(Rotunda Hall)이에요. 로턴다는 희랍어로 '광장'이라는 뜻이에요. 40미터 크기의 정사각형인 이 홀은 바닥 전체에 화려한 문양이 있답니다.

로턴타 홀

십장생 무늬 문
로턴다 홀 왼쪽의 십장생 무늬 문이에요.

신익희 동상
신익희 선생은 1948년부터 1954년까지 제헌 국회와 제2대 국회의 국회 의장이었어요.

바닥에서부터 천장 돔까지 전통의 아름다움과 현대적 아름다움이 잘 어우러지도록 내부를 설계했지요. 특히, 천장 돔의 화려한 조명이 건물의 웅장함과 아름다움을 더하고 있어요. 로턴다 홀 정면에는 의회 발전에 공로가 큰 지도자의 동상이 세워져 있고, 네 모퉁이에 4개의 좌대가 있습니다. 지금은 1919년 임시의정원 초대의장이었던 석오 이동녕 선생의 흉상만 올려져 있고 나머지 세 곳은 비어 있어요.

좌대
역대 지도자의 동상을 올려놓기 위해 국회의사당이 처음 세워질 때부터 만들어 놓은 것이에요.

올려다 본 돔 천장
중앙의 노랑은 태양을 뜻하고, 햇살이 퍼지는 모양의 24개의 선은 24시간과 24절기예요. 1년 내내 나랏일을 살핀다는 의미가 담겨 있어요.

로턴다 홀의 바닥
전국의 행정 구역을 뜻하며, 신라 시대의 기와 문양과 석굴암 천장 무늬, 조선 시대의 띠 문양을 본떠 만든 것입니다.

각 층의 발코니 난간
경복궁 근정전에 있는 꽃살 무늬 창을 현대적으로 만든 것이에요.

이승만 동상
이승만 대통령은 1948년, 초대 제헌 국회 국회 의장이었어요.

중요한 일이 결정되는 회의장

이번에 둘러볼 곳은 국회의사당에서 가장 중요한 장소인 회의장이에요. 로턴다 홀 왼쪽에는 '제1회의장'으로 불리는 본회의장이 있고, 오른쪽에는 예산결산특별위원회 회의장으로 쓰이는 '제2회의장'이 있어요. 제1회의장의 넓이는 약 1,884제곱미터이며, 299좌석이 있어요. 특히 제1회의장은 IT강국답게 2005년 9월부터는 최첨단 디지털 장비를 갖추어 회의를 더 빨리 진행하게 되었답니다. 의원석 뒤로는 국민들이 직접 회의 장면을 지켜볼 수 있는 방청석이 있어요. 방청석은 회의장보다 한 층 높은 곳에 있어요.

제1회의장
디지털 장비를 갖춘
최첨단 회의장이에요.

자, 그럼 제1회의장을 자세히 둘러볼까요? 먼저 의장석 위에 있는 커다란 금색 마크를 보아요. 이 마크는 우리나라 꽃인 무궁화를 본떠 만든 것이에요. 무궁화 안에 한자 '나라 국(國)'을 새겨 넣어 우리나라 국회를 상징하지요. 그리고 의장석을 중심으로 왼쪽에는 국무위원이, 나머지는 국회 의원들이 앉는 곳이에요. 국회 의원들의 책상에는 각 의원의 이름표와 컴퓨터가 있지요. 이 컴퓨터로는 전자 투표를 하거나 회의에 필요한 자료를 보기도 해요. 회의가 없을 때 이 컴퓨터는 책상 아래로 내려가 있지요. 대부분 전자 투표를

제1회의장의 구조

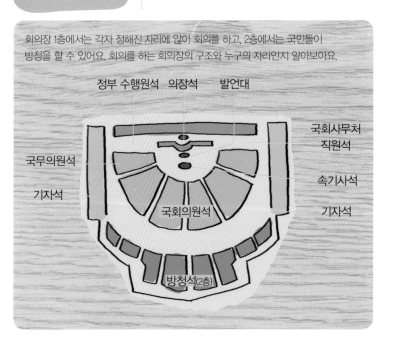

회의장 1층에서는 각자 정해진 자리에 앉아 회의를 하고, 2층에서는 국민들이 방청을 할 수 있어요. 회의를 하는 회의장의 구조와 누구의 자리인지 알아보아요.

정부 수행원석   의장석   발언대

국회사무처 직원석

국무위원석

기자석

국회의원석

속기사석

기자석

방청석(2층)

하지만 가끔 국무위원석 뒤쪽에 있는 기표소에서 직접 기표를 하기도 한답니다. 그리고 2층에는 기자석, 방청석 등이 마련되어 있어 국회 활동을 우리가 눈으로 확인할 수 있지요. 회의장을 다 둘러보았으면 천장을 보세요. 천장에는 365개의 광천등이 달려 있는데 이것은 일 년 내내 국민들이 지켜보고 있다는 뜻이 담겨 있답니다.

국회 마크
제1회의실 안에 있는 지름이 무려 2미터나 되는 이 마크는 우리나라 국회를 상징해요.

기표소
이름이 드러나지 않는 무기명 투표를 할 때 사용해요.

그리고 제1회의장 맞은편에 있는 제2회의장은 평소에는 문이 닫혀 있다가 **예산** 심의가 본격적으로 이루어지는 10월 말에서 12월 초까지는 날마다 회의가 열린답니다.

나는 기자! 오늘 회의 내용을 신문에 내서 국민들이 알게 해야지.

⚙ **예산**
국민들이 낸 세금을 가지고 1년 동안 어떻게 나라 살림살이를 할 것인지 정한 계획을 말해요.

여기서 잠깐!

국회의사당 정문에 있는 두 개의 해태상을 보았나요?

해태는 머리에 뿔이 있는 상상의 동물이에요. 해태는 정의를 지키고 화재를 막아주는 신령스러운 동물인데, 옳지 않은 사람을 보면 뿔로 받는다고 해요. 조선시대에 대사헌의 관복에 해태를 새겼듯이 요즘도 국회의사당이나 대검찰청에 해태상을 세워 두고 정의를 생각하며 일한다고 해요. 국회의사당 앞의 두 해태상은 1975년 국회의사당을 지을 때 옳고 그름을 가리는 민주주의의 상징으로 세웠어요. 정면에서 봤을 때 왼쪽이 수컷이고 오른쪽이 암컷이에요.

해태상 해태는 정의를 지키는 상상 속의 동물이에요.

국회는 어떻게 구성되어 있나요?

국회를 구성하는 데에는 국회 의원이 필요하지요. 그럼 국회는 어떤 방식으로 구성될까요? 국회 의원이 학급을 이루는 학생이라면 국회 의장과 부의장은 학급의 회장, 부회장이라고 할 수 있어요. 국회에서는 한 명의 의장과 두 명의 부의장을 비밀투표로 뽑아요. 전체 의원 중 절반 이상의 표를 얻어 선출되지요. 임기는 각각 2년이며, 의장은 총책임자로 회의를 진행하며 여러 가지 일을 감독한답니다.

국회에서는 국민을 대표해서 국가의 중요한 정책을 결정하기 위해 정해진 회기 동안 여러 가지 회의가 열려요.

국회에서는 날마다 회의가 열리나요?
국회의 회의에는 정기회의와 임시회의가 있어요. 정기회의는 매년 1회, 9월 1일에 열리며, 회의 기간은 100일을 넘지 못한답니다. 임시회의는 대통령이나 전체 국회 의원의 4분의 1 이상이 요구할 때 열리는 회의로 회기는 30일을 넘을 수 없어요. 따라서 날마다 회의가 열리는 것은 아니랍니다.

❀ **임기**
국회 의원의 임무를 맡은 기간이에요.

❀ **회기**
회의가 열릴 때부터 끝날 때까지의 기간을 말해요.

본회의가 있어요!

본회의는 국회 의원 모두가 본회의장에 모여 나라의 중요한 일을 상의하고 결정하는 회의예요. 교실에서 학급 회의를 진행할 때도 원칙이 있듯이, 본회의에도 엄격한 원칙이 있답니다.

의장이 일을 못하게 되면 두 명의 부의장 중 의장이 지정하는 사람이 대신 일을 맡게 된답니다.

의장, 부의장 모두 일을 할 수 없게 되면 국회 의원 중에서 임시로 의장을 뽑아요. 하지만 그런 일이 일어날 가능성은 매우 적겠죠?

우선 정족수의 원칙이 있어요. 이것은 회의를 시작하거나 의사를 결정하는 데 필요한 최소한의 국회 의원 수를 말한답니다. 재적 의원 5분의 1 이상이 출석해야 하지요. 그리고 의결정족수는 재적 의원 중 절반 이상이 출석하고 그중 절반 이상이 찬성해야 의사를 결정할 수 있는 것을 말해요.

그리고 회의공개의 원칙이 있는데, 회의 진행 과정을 국민에게 공개하는 것이에요. 하지만 국가 안보와 관련된 사항은 공개하지 않을 수도 있어요.

다음으로, 회기계속의 원칙이 있어요. 한 회기 내에서 결정을 못 내린 안건은 다음 회기에서 다시 의논한다는 뜻이랍니다. 단, 국회 의원의 임기가 끝나면 이 원칙을 적용할 수 없어요.

마지막으로, 일사부재의 원칙이 있어요. 이것은 한 회기 내에서 받아들이지 않기로 결정한 안건은 그 회기 중에 다시 의논할 수 없다는 원칙이에요. 결정을 내릴 일이 많은 국회가 좀더 많은 안건을 처리하기 위해 만든 제도랍니다.

본회의장에서 사용하는 의사봉

TV 뉴스에서 국회 의장이 무엇인가를 결정할 때 의사봉을 '탕, 탕, 탕' 치는 것을 본 일이 있지요? 특별히 세 번을 쳐야 한다는 규정은 없지만 관례에 따라 회의를 진행할 때 확실하게 알리기 위해 세 번씩 치는 거예요. 국회에는 이것 말고도 여러 개의 의사봉이 있답니다.

❀ **재적 의원**
현직 국회 의원으로 국회 의원 명단에 정식으로 등록되어 있는 위원이에요.

❀ **안건**
어떤 문제에 대해 회의하고 조사할 일이에요.

여기서 잠깐!

의사결정에 필요한 국회 의원 수를 알아보아요.

만약 국회 의원이 500명이라면 회의를 열고 의사를 결정을 하는 데 몇 명의 국회 의원이 필요한지 생각해 보아요.(※2019년 현재, 20대 국회 의원 수는 297명입니다.)

1. (　　　)명 이상의 국회 의원이 출석해야 회의를 열 수 있어요.
2. 어떤 안건에 대하여 최종적으로 의사 결정을 할 때에는 (　　　)명 이상의 국회 의원이 출석을 해야 하고 (　　　)명 이상의 의원이 찬성을 해야 통과될 수 있어요.

정답은 56쪽에

위원회도 있어요

우리나라 국회에는 본회의 외에 각종 위원회가 있어요. 위원회는 회기 중 올라온 안건을 세심하게 살펴보기 위해 각 분야의 전문가 출신 의원들로 구성한 모임이에요. 법을 만들 때에는 어떤 것이든 전문가의 의견을 들어야 올바른 법이 만들어지겠지요. 각 위원회의 검토를 거친 안건은 본회의에서 최종적으로 결정된답니다.

위원회에는 각종 상임위원회와 특별위원회가 있어요. 상임위원회는 나라 살림을 하기 위해 여러 분야로 쪼개어 놓은 행정부 각 **부처**의 안건을 심사한답니다. 특별위원회는 급하게 의논할 일이 생겼을 때 설치되지만, 나라의 예산을 심사하는 예산결산특별위원회같이 늘 활동하는 상설특별위원회도 있어요.

상임위원회

국회운영, 법제사법, 정무, 기획재정, 외교통일, 국방, 행정안전, 교육, 과학기술정보방송통신, 문화체육관광, 농림축산식품해양수산, 산업통상자원중소벤처기업, 보건복지, 환경노동, 국토교통, 정보, 여성가족 등 17개의 상임위원회가 있답니다.

✽ **부처**
정부 각 조직을 말해요.

여성가족위원회 회의 장면
여성에 관한 각종 복지 정책 및 남녀차별을 줄이는 제도를 만들어 내는 회의를 하고 있어요.

예산결산특별위원회 회의 장면
나라의 예산과 결산을 심사하는 회의 모습이에요.

교섭단체도 있어요

교섭단체란 정치에 대한 생각이 같은 국회 의원들로 구성된 단체예요. 국회에 20명 이상의 소속 의원을 가진 정당은 하나의 교섭단체가 됩니다. 어느 정당에도 속하지 않은 의원들은 20명 이상만 모이면 교섭단체를 만들 수 있어요. 교섭단체끼리 미리 의견을 종합하거나 통일하여 국회가 더 원활하게 움직이도록 하지요. 각 교섭단체에 속한 소속 의원 수가 많으면 국회 회기 중 정부를 상대로 질문할 기회나 얘기할 시간이 많아지고, 좋은 순서를 얻게 되지요. 이런 이로운 점 때문에 정당들은 의원을 많이 확보하려고 해요.

❀ 교섭
어떤 일을 이루기 위해 서로 의논하고 조절하는 것이에요.

❀ 정당
뜻을 함께하는 사람들이 자신들의 생각이나 정책 등을 이루기 위해 만든 단체랍니다. 현재 정권을 잡고 있는 정당을 여당, 정권을 잡고 있지 않은 당을 야당이라고 해요.

여기서 잠깐! 각 특별위원회는 어떤 일을 할까요?

각 특별위원회마다 하는 일이 정해져 있는데, 이름을 보면 짐작할 수 있을 거예요. 서로 연결해 보세요.

예산결산특별위원회 ●   ● 고위 공무원이나 헌법재판소 재판관, 중앙선거관리위원회 위원 등을 선출할 때 후보자를 평가해요.

윤리특별위원회 ●   ● 나라에서 다음 1년 동안 사용할 예산이 잘 짜였는지, 지난 1년 동안 예산을 잘 사용했는지 심사해요.

인사청문특별위원회 ●   ● 의원의 자격과 윤리에 관한 사항을 심사해요.

정답은 56쪽에

다양한 정치 제도

오늘날 대부분의 국가는 국민이 주인인 민주 정치를 하고 있고, 국민은 의회를 통해 정치에 참여하고 있어요. 하지만 다른 문화와 역사를 가지고 있는 각 나라들은 저마다 제 나라에 맞는 정부 형태와 의회 제도를 만들었지요. 그래서 같은 제도를 가진 나라들끼리도 똑같이 운영되지 않는답니다.

대통령중심제와 의원내각제

대통령중심제는 대통령이 중심이 되어 일을 하며 행정부와 의회가 각각 독립된 권력을 가진답니다. 행정부의 우두머리인 대통령은 임기 동안 의회와 균형을 맞추며 나라를 안정적으로 이끌려고 노력하지요. 미국, 한국, 브라질, 러시아 등이 대통령중심제를 채택하고 있어요.

의원내각제는 의원 선거에서 표를 가장 많이 얻은 다수당의 대표가 수상 또는 총리가 되어 나라를 이끌어요. 이런 경우에는 장관도 국회 의원 중에서 뽑는답니다. 대통령은 국가원수로서 형식적인 권한만 있고 실제 권력은 다수당에 의하여 구성되는 내각*에 있어요. 내각이 잘못하면 의회가 내각을 물러나게도 하지요. 독일이나 이탈

대통령중심제
대통령과 의회는 서로의 의견을 존중하며 일해요.

의원내각제(내각책임제)
의원이 가장 많은 정당의 대표가 총리나 수상이 되지요.

리아처럼 대통령제와 의원내각제를 결합시켜 국민이 뽑은 대통령은 있지만 총리의 권한이 강한 나라가 있고, 영국이나 일본, 에스파냐 같이 실제 권력은 없지만 나라를 대표하는 왕이 있으면서 의원내각제를 함께 운영하는 나라가 있어요.

우리나라도 제2공화국 시절 의원내각제를 실시했던 적이 있었지요.

단원제와 양원제

의회는 하나의 합의 기관에서 의사를 결정하는 단원제와 두 합의 기관의 의사가 일치하는 경우 의사가 결정되는 양원제가 있어요.

단원제 의회는 국민이 직접 뽑은 의원들로 구성되어 있지요. 우리나라나 폴란드, 덴마크 등 30여 개 나라에서 채택하고 있어요. 양원제는 미국, 영국, 일본 등 30여 개 나라에서 채택하고 있는데, 의원을 선출하는 방법이나 권력의 정도는 나라마다 다르지요.

단원제
의원들이 의사를 결정하는 기관이 하나예요.

양원제
두 개의 의사 결정 기관이 찬성해야 해요.

*내각: 국가의 행정권을 담당하는 최고 합의 기관이에요.

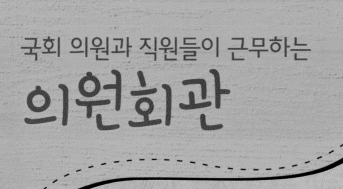

국회 의원과 직원들이 근무하는
의원회관

국회의사당을 등지고 섰을 때 오른쪽에 보이는 8층짜리 건물은 의원회관이에요. 의원회관은 1989년에 지은 것으로 지하 2층, 지상 8층으로 되어 있어요. 이 건물에는 국회 의원 개인 사무실, 각종 회의와 세미나를 개최할 수 있는 대회의실, 소회의실 등이 있답니다. 방문객을 위한 대기실, 건강관리실 등의 편의시설도 있지요.

의원회관은 국회의사당 참관 프로그램에 포함되어 있지 않아요. 국회 의원들과 국회 의원을 돕는 직원들이 일을 하는 공간이기 때문이에요. 물론 특별한 방문 목적이 있으면 건물 내부에 들어가 볼 수 있지만요. 자, 우리는 밖에서 건물을 보며 국회 의원에 대하여 좀 더 자세히 알아볼까요?

국회 의원은 어떻게 뽑나요?

우리나라 국회 의원은 지역구 의원과 비례대표 의원으로 구성되어 있어요. 현재 20대 국회 의원의 수는 297명이에요. 그 중 250명은 지역구 의원이고, 47명은 비례대표 의원이에요. 국회 의원을 뽑기 위해서 전국을 나눈 구역을 선거구라고 하는데, 각 구역 안에 포함된 인원수가 비슷하게 유지되도록 가까운 지역을 묶어 253개의 선거구를 만들었답니다. 이것을 지역구라고 하고, 각 지역구에서 지역구 의원을 1명씩 뽑지요. 나머지 47석은 각 정당의 득표 비율에 따라 나누는데, 이를 비례대표 의원이라고 해요.

17대 국회부터 선거법이 바뀌어 1인 2표제를 실시했답니다.

우리나라를
253개로 나누어
선거를 하는구나!

지역구 의원

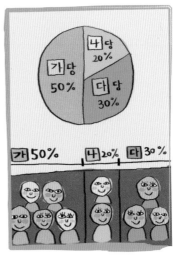

비례대표 의원

국회 의원 선거를 할 때 모든 사람은 두 장의 투표 용지를 받아요. 한 장은 자신이 살고 있는 선거구의 후보자를 찍고, 다른 한 장은 자신이 지지하는 정당을 찍는답니다.

왜 이런 제도를 만들었을까요? 예를 들어, 국회 의원 후보자 중에는 이순신 후보를 좋아하지만, 이 후보자가 속한 정당이 마음에 들지 않을 수 있어요. 그래서 1인 2표제로 이런 고민을 한 번에 해결하는 것이에요. 좋아하는 후보와 좋아하는 정당에 동시에 한 표씩 주는 것이니까요. 투표 결과를 종합하여 각 정당에서 얻은 표의 수에 따라 47석의 비례대표 의석을 나누어요. 어느 정당이 국민을 위해 일을 가장 잘 하는지 보고 비례대표 국회 의원을 뽑지요.

누구를 뽑아야
나와 우리나라에
도움이 될까?

비례대표 투표	
1 원당	
2 마름모당	
3 네모당	
4 세모당	
	위원장인

비례대표 의원 투표 용지

○○구 국회 의원 투표	
1 원당 김부식	
2 마름모당 이순신	
3 네모당 정약용	
4 세모당 장영실	
	위원장인

지역구 의원 투표 용지

각 정당에서는 국민의 뜻을 잘 살피고 제대로 실천하기 위해서 비례대표 의원 자리를 각 분야에서 전문가로 일했던 경험이 있는 의원들에게 나누어 준답니다. 17대 국회는 비례대표 의원 자리 중 절반 이상을 여성의원에게 주어 여성이 정치에 참여할 기회를 확대하였어요.

좋아하는 당과 맘에
드는 후보를 모두 뽑을
수 있으니 참 좋다!

선거는 어떤 절차를 거치나요?

새 학기가 되면 학급의 대표를 뽑는 회장 선거를 하지요? 이처럼 어떤 집단에서 대표자를 뽑는 일을 선거라고 해요. 국민의 대표를 뽑

는 국회 의원 선거나 대통령 선거는 매우 중요한 일이지요. 선거일 현재 만 19세 이상의 우리나라 국민이면 누구나 참여할 수 있답니다.

국회 의원으로 뽑히면 4년 동안 국민을 위해 일을 해요. 그리고 지역 주민들은 4년 동안 국회 의원이 열심히 일하는지 지켜보아요. 다음 선거에서 주민들이 또 뽑아 준다면 계속해서 국회 의원으로 일할 수 있어요.

❶ 후보자 등록

선거일 현재 만 25세 이상의 우리나라 국민이면 누구나 후보자가 될 수 있어요. 정당의 추천을 받거나 무소속으로 등록할 수 있지요.

❷ 선거 운동

선거관리위원회의 규칙에 따라 연설을 하고, 선거 공약이 담긴 인쇄물을 보내지요. TV나 인터넷 방송 토론에 참여하는 등 선거 유세를 해요.

국회 의원 선거 과정

4년 동안 국민을 위해 일을 해야 하는 국회 의원을 뽑는 일은 중요하지요. 소중한 국회 의원 선거 과정을 그림과 함께 알아볼까요?

❸ 투표

투표소에서 신분을 확인하고 받은 투표 용지에 표시한 다음 투표함에 넣어요. 투표 용지가 2장이라는 것, 기억하지요?

❺ 당선자 발표 및 당선 증서 교부

선거관리위원회에서 받은 당선 증서를 국회사무처에 등록하면 국회 의원 신분증과 배지를 받아요.

❹ 개표

지정된 개표소에서 각각의 후보자들이 몇 표를 얻었는지 확인해요.

민주주의 국가에서는 국민 누구나 정치에 참여할 수 있지요. 가장 대표적인 방법이 바로 선거예요. 지금은 대부분의 나라에서 모든 국민에게 선거권을 주고 있지만 옛날에는 재산이 있는 귀족 남성만이 선거에 참여할 수 있었어요. 그 뒤 시민혁명을 거치며 계급과 인종, 여성에 대한 차별들을 없애려는 노력이 계속되면서 지금의 선거 제도가 만들어졌어요. 특히 여성이 정치에 참여하기까지 많은 시간이 걸렸어요. 영국은 1918년, 미국은 1920년, 프랑스는 1944년이 되어서야 여성이 선거에 참여할 수 있었어요. 우리나라는 1948년 제정헌법이 처음 생긴 때부터 남녀 차별 없이 선거권을 인정했어요.

선거할 때 이것만은 지켜요!

어린이 여러분도 자라서 어른이 되면 국회 의원을 뽑는 선거를 하게 될 거예요. 선거할 때 가장 중요한 것은 어떤 사람을 국회 의원으로 뽑느냐는 것이지요. 후보의 인물 됨됨이와 후보가 내세운 공약을 보고 뽑아야 해요. 또 선거일은 노는 날이 아니에요. 소중한 한 표를 꼭 행사해야 올바른 정치가 이루어질 수 있어요.

선거권은
남녀 차별 없이
누구에게나
줘야 해.

보통선거
평등선거
직접선거
비밀선거

여기서
잠깐!

민주 선거의 네 가지 원칙은 무엇일까요?

우리나라에서는 민주 선거의 네 가지 원칙을 정해 모든 국민의 뜻을 최대한 반영하고 있어요. 이것은 민주 선거를 치르기 위해 꼭 필요한 원칙들이에요. 잘 읽어 보고 알맞은 것끼리 연결해요.

직접선거 ●   ● 선거법에 정해진 연령의 대한민국 국민이면 누구나 선거에 참여할 수 있어요.

비밀선거 ●   ● 성별, 빈부, 학력에 관계 없이 누구나 똑같이 한 표의 투표권을 행사해요.

보통선거 ●   ● 선거권을 가진 사람이 직접 투표를 해야 돼요. 남을 대신하여 투표를 할 수 없어요.

평등선거 ●   ● 누구에게 투표했는지를 다른 사람들이 모르게 하여 자유로운 선택을 할 수 있도록 해요.

→ 정답은 56쪽에

국회 의원의 특권과 의무에 대하여 알고 싶어요!

이렇게 선출된 국회 의원은 의무를 충실히 해낼 수 있도록 두 가지 특권을 보장받아요. 첫째는 면책특권으로 국회 의원이 국회에서 일을 처리하는 동안 한 말과 표결한 것에 관하여 국회 밖에서 책임을 지지 않는다는 것이지요. 둘째는 불체포특권으로 국회 의원이 죄를 저질러도 국회에서 회의가 열리는 중에는 체포할 수 없다는 것이에요. 단, 범행을 저지르다 현장에서 잡혔거나 국회가 열리지 않는 기간에는 인정되지 않아요. 이러한 제도는 국회 의원이 국회 안에서 바른 소리를 할 수 있도록 언론의 자유를 주고 의원의 신분을 보호함으로써 올바른 정치 활동을 할 수 있도록 권리를 보장한 것이지요. 그러니 국회 의원들이 이를 악용해서는 안 되겠지요? 국회 의원이라고 해서 특권만 가지고 있다면 불공평할 거예요. 국회 의원이 꼭 지켜야 할 의무도 있지요. 그건 바로 지위남용금지의무, 국익우선의무, 청렴의무, 겸직금지의무랍니다.

🌀 **표결**
어떤 일에 대해 투표를 통하여 결정하는 것을 말해요.

국회 의원이 지켜야 할 의무

지위남용금지의무
지위와 특권을 이용하여 자신의 이익을 챙길 수 없으며, 다른 사람에게 국가의 중요한 정보를 알려 주면 안 돼요.

국익우선의무
개인이나 소속 정당의 이익보다 국가와 국민의 이익을 먼저 생각해야 해요.

청렴의무
직무와 관련하여 부정한 돈을 받지 않는 등 행동을 바르게 해야 해요.

겸직금지의무
원칙적으로 다른 직업을 가질 수는 있지만 법률로 정한 일정 직업은 가질 수 없어요.

선거법을 고쳐 주세요!

현재 우리나라는 만 20세 이상에게 주는 선거권을 19세에게도 주고 영주권을 받은 지 3년이 지난 19세 이상의 외국인에게도 투표권을 주었어요. 그리고 살던 곳에서 오랫동안 멀리 떠나 있게 된 선거인이 우편을 통해 투표할 수 있는 부재자 투표 등을 통해 많은 사람들이 선거에 참여할 수 있도록 기회를 넓혔지요. 하지만 아직도 해결해야 할 선거법들이 많이 남아 있답니다.

영주권을 취득한 화교 가족이 투표를 하고 있어요.

18세도 투표하게 해 주세요!

18세도 선기를 하게 하는 법을 국회에서 통과시켜 달라는 목소리가 높아졌어요. 근로기준법이나 도로교통법 등 18세부터 성인으로 인정하는 다른 법률과 비교해 보면 공평하지 못하다는 것이에요. 1970년대를 전후로 미국, 독일, 필리핀 등 93개 나라에서 18세에게도 선거권을 주었고, 유럽에서는 16세에게도 선거권을 주자는 움직임이 있거든요. 전국의 청소년 단체나 뜻을 같이하는 국회 의원들이 18세도 선거에 참여하게 하려고 열심히 노력하고 있어요.

외국에 살고 있는 우리 국민들에게도 투표권을 주세요!

2005년 기준으로 유학이나 회사 일, 나랏일 등으로 해외에 머무르고 있는 사람이 114만 명, 영주권을 얻어 외국에서 살고 있는 사람은 170만 명이나 된답니다. 이런 재외 국민들은 선거권을 제대로 행사할 수 없어 차별받고 있어요. 2007년 6월 28일에는 이러한 경우에 투표권을 주지 않는 선거법은 위헌이라는 결정이 나왔답니다.

국회에서는 무슨 일을 할까요?

국회는 국민의 편리한 생활을 위해 법을 만들고, 정부가 내 놓은 살림살이 계획을 꼼꼼하게 살펴보아요. 그리고 정부가 국민을 위해 바르게 정치하고 있는지 감시하지요. 그 밖에도 국회에서 하는 일은 아주 많답니다. 국회에서 하는 일을 크게 나누어 살펴보아요.

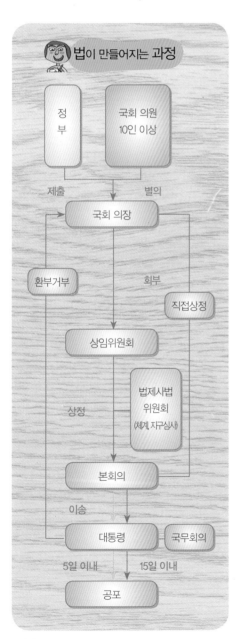

국민을 위해 법을 만들어요

국회는 국민을 대신하여 법을 고치거나 없애고 새로 만들어요. 그 중에서 으뜸이 되는 헌법은 매우 중요해서 국회와 대통령이라도 국민의 허락을 받아야만 고칠 수 있어요. 헌법을 고칠 때에는 전체 국회 의원의 3분의 2 이상이 찬성해야 하고, 최종적으로 국민투표를 거쳐야 해요.

그리고 헌법을 고칠 필요가 있을 때는 국민의 의견을 듣고 제안된 헌법개정안을 심사하며 확정하지요.

예산안을 살펴보고 예산을 잘 썼는지 확인해요

가정에서 한 달, 또는 일 년 동안 돈을 어떻게 쓰겠다는 계획을 하는 것처럼 정부도 국민이 낸 세금을 1년 동안 어떻게 쓸 것인지 계획을 세워요. 이것을 예산안이라고 하지요. 정부가 예산안을 짜서 국회에 내면 상임위원회에서 미리 예비 심사를 하고 예산결산특별위원회를 거쳐 본회의에서 최종 결정을 해요. 예산안이 알맞다고 판단되면 통과시키고, 너무 많다고 생각되면 예산을 줄이지요.

그리고 국회에서는 국민이 낸 세금을 정부가 낭비하지 않았는지도 심사하지요.

국정감사
2006년 10월 30일, 국회에서 열린 환경노동위 국정감사예요.

행정부가 나랏일을 잘 하는지 살펴요

국회는 정부가 정치를 올바르게 하는지도 감시한답니다. 국정감사는 정부가 정치를 잘 했는지 매년 정기적으로 조사하는 것이에요. 그리고 특별한 일이 생겼을 때 국회 의원 4분의 1 이상이 원하면 행정부에 대한 조사가 이루어지는데, 이를 국정조사라고 한답니다.

예산과 결산

예산안 심의 | 어떻게 살림을 할지 미리 계획을 세워요.

결산안 심사 | 계획대로 잘 썼는지 확인을 해요.

인사청문회
1988년 11월 7일 열린 우리나라 의정 사상 최초의 청문회예요.

대통령이 대법원장, 헌법재판소장, 국무총리, 감사원장, 대법관 등 중요한 공직자를 임명할 때는 국회의 동의를 얻어야 해요. 국민을 대신하여 일할 사람이 충분한 자질을 갖추었는지 살펴보는 인사청문회를 열지요. 그리고 헌법재판소 재판관, 선거관리위원 등을 선출할 수 있는 권한도 국회에 있어요. 대통령이 다른 나라와 중요한 약속을 할 때도 국회의 동의를 얻지요. 물론 다른 나라를 도와 주기 위해서 군대를 보내거나 다른 나라의 군대를 우리나라로 불러들일 때도 국회의 의견을 물어야 해요. 16대 국회 때 자이툰 부대를 이라크에 보냈던 일이나, 칠레공화국 정부와 자유무역협정(FTA)을 맺었던 일도 국회의 동의를 얻어 결정한 일이지요.

그 밖에도 국회가 하는 일은 다양하지요. 대통령, 국무총리, 장관 등의 공무원이 나랏일을 할 때 헌법이나 법률을 어기면 그 책임을 물어요. 이것을 탄핵소추라고 해요.

삼권분립
삼권분립에서 삼권이란 법을 만드는 입법권과 법에 따라 재판하는 사법권, 그리고 법에 따라 나라 살림을 꾸려 나가는 행정권을 말해요. 옛날에는 왕이 모든 권한을 행사했지요. 그래서 왕 한 사람이 잘못된 결정을 하면 국가가 위기에 빠졌어요. 하지만 국민이 주인인 민주 국가에서는 삼권분립을 통해 국민의 자유와 권리를 보장하고 있어요.

여기서 잠깐!

국회가 하는 일을 알아보아요.

다음 중 국회에서 하는 일이 아닌 것은 무엇인가요?

4.대통령을 뽑아요.

2. 정부가 정치를 올바르게 하는지 살펴요.

3. 국민을 대신해서 헌법을 새로 만들거나 고쳐요.

1. 정부가 예산을 잘 짰는지, 살림을 잘 했는지 심사해요.

정답은 56쪽에

사형제도를 어떻게 생각하세요?

여름 휴가 때 가족끼리 어디로 갈까 결정하느라 힘들었던 적이 있었나요? 이처럼 국회에서는 법을 만들 때 입장과 생각이 다양한 사람들의 의견을 하나로 모아야 하기 때문에 열띤 토론이 이어진답니다. 지금 국회에서 뜨겁게 토론을 벌이는 의견 중 하나가 사형제도에 관한 것이에요.

사형제도 폐지에 관한 특별법안

사형은 사람의 생명을 빼앗는 가장 무서운 벌이지요. 요즘에는 아무리 흉악한 죄인이라도, 그 사람의 생명을 빼앗는 일이 옳은 일인지 논란이 일고 있어요. 사형제도에 반대하는 이유는 사람의 생명은 어느 경우에라도 소중하고, 판결을 내릴 때 실수할 수도 있다는 거예요. 그리고 벌을 주는 목적은 범죄자가 죄를 뉘우치고 새 삶을 살 수 있는 기회를 주기 위해서라는 거지요.

사형제도 폐지 및 종신형 입법화를 위한 토론회
2004년 종교계와 함께 국회 의원들이 주최한 사형제도 폐지 토론회에서 참석자들이 묵념을 하고 있어요. 사형제도를 폐지하는 대신 평생 교도소에 가두어 두는 종신형에 대한 토론이 있었어요.

사형제도를 찬성하는 쪽은 흉악한 범죄에 대한 죗값을 치러야 한다는 입장이에요. 그래야 범죄도 예방하고 국가와 사회의 질서를 유지할 수 있다는 거지요.

전 세계의 논란거리가 된 사형제도를 폐지한 나라는 1977년 16개 국에서 2005년에는 86개 국으로 늘어났어요. 우리나라도 1997년 12월 30일, 23명의 사형을 집행한 후 사형을 집행하지 않았어요. 17대 국회에서는 여야 의원 175명이 서명해 제안한 '사형 폐지에 관한 특별법안'이 국회 법사위의 심사를 받았어요. 그리고 국가인권위원회와 법무부에서도 사형제도를 폐지하자는 목소리가 높아지고 있어요.

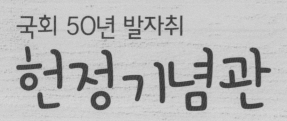

국회 50년 발자취

헌정기념관

이곳은 우리 국회의 역사를 한눈에 볼 수 있는 헌정기념관이에요. 헌정기념관은
국회 개원 50주년을 기념하여 1998년 5월 29일에 문을 열었어요. 지금 우리나라 국
회의 역사는 60년이 되었어요. 하지만 1998년, 그 당시 국회가 생긴지 50년이 된 것
을 기념하여 헌정기념관을 세우고, 그간의 자료를 전시해 두었답니다.

1층에서는 제헌 국회에서 제20대 국회까지의 국회 변천사를 한눈에 볼
수 있어요. 국회 의원 선거 제도와 주요 정당
의 변천을 볼 수 있고, 해방 이후

우리나라 국회의
역사가 전시되어 있는
곳이야. 그동안 많은
변화가 있었지.

우리나라 국회의 굵직굵직한 사건들도 사진으로 만날 수 있어요. 국회의 어제와 오늘을 비교해서 전시하고 있는 2층에서는 세계 의회의 모습도 볼 수 있지요. 또 국회 의원의 의결 과정을 직접 체험해 볼 수 있는 의정체험관이 있어요. 역대 국회 의장의 초상화가 걸린 전시실이 있으니 꼭 들러 보세요.

상징부조 〈인(人) · 법(法) · 태(太)〉
헌정기념관에 들어서면 거대한 부조 작품이 보이지요? 이 작품은 자유 민주주의의 정치 이념을 향해 나아가는 한국의 헌정사를 표현했어요. 그리고 우리 민족의 무궁한 발전을 기원하는 의미도 담고 있지요.

헌 정 기 념 관

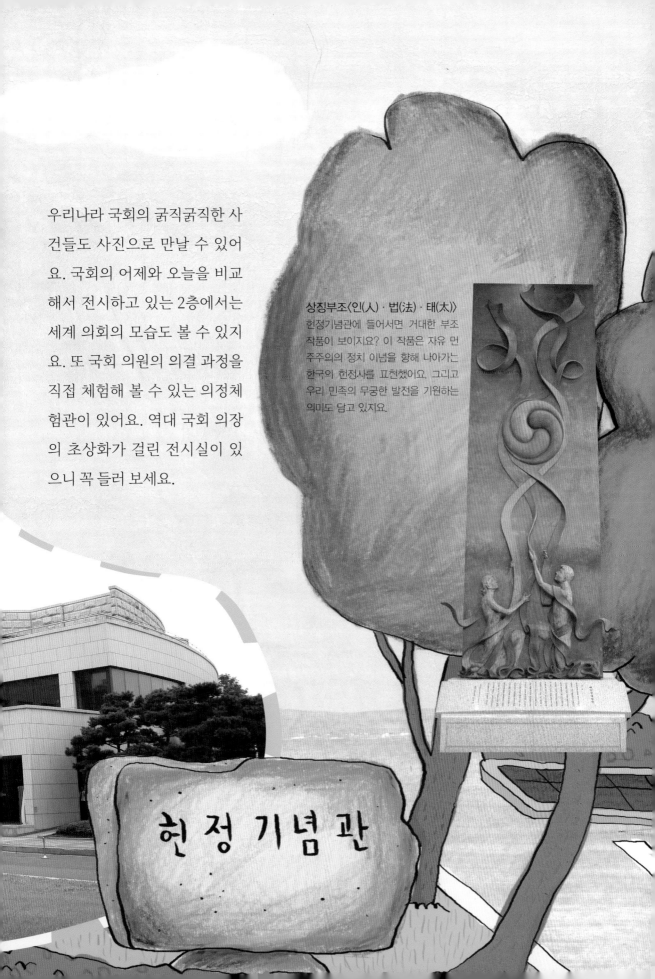

국회가 걸어온 길

1층 전시관

1층 전시관부터 들어가 볼까요? 국회역사관에는 제헌 국회부터 현재의 제20대 국회까지 국회의 주요 활동을 주제별로 묶어 사진, 문서 자료, 디오라마 등의 형식으로 전시하고 있어요. 그리고 전시 내용은 물론 역대 국회 의원들의 사진과 이력을 쉽게 찾아볼 수 있도록 정보 검색대도 마련되어 있지요. 지금부터 국회의 발자취를 따라갈 거예요.

국회역사관 내부의 전시물들을 살펴보세요. 국회 개원 50주년을 기념하여 국회 역사 속에서 잊을 수 없는 순간들을 전시했었어요. 8·15 광복, 대한민국 건국, 한국 전쟁, 88올림픽 등의 기록화를 축소해서 전시하고 있지요. 그리고 제헌 국회의 기초가 된 임시의정원의 활동

개원식 디오라마

1948년부터 1988년까지 우리 국회 50주년을 기념하여 그린 그림들이 국회역사관에 전시되어 있어요.
그림들을 감상하며 그 순간을 함께 느껴 보아요.

8·15광복(송영방 그림)
1945년 8월 15일. 우리나라가 일제 강점기에서 벗어난 감격의 순간이에요. 현재는 본관에 전시되어 있어요.

대한민국 건국(민성기 그림)
1948년 8월 15일. 국회 의원을 선출하고 헌법을 마련하여 대한민국을 건국하였음을 선포한 날의 벅찬 순간이에요.

제헌 국회 개원 및 건국헌법 공포(조억현 그림)
대한민국 최초의 헌법을 공포한 순간을 그린 그림이에요. 현재는 본관에 전시되어 있어요.

모습, 미국이 설치한 남조선 과도입법의원의 모습까
지 한눈에 볼 수 있답니다.

남조선 과도입법의원
개원식

제헌 국회부터 현재까지

우리 국회는 60여 년의 세월 동안 숨가쁘게 달려왔
어요. 그동안 국민을 위해 열심히 일해 왔지만 국민
에게 많은 실망을 안기기도 했어요. 민주주의의 역사가 짧아 그런 일
들이 생긴 것이니 실망하지는 말아요. 진정한 국민의 대표자로 거듭
나기 위해 국회 의원들은 오늘도 열심히
일하고 있답니다.

대한민국 임시정부의 국회인 임시의정원
1919년 상하이에서 설립된 대한민국 임시정부로 현재 우리 국
회의 기초이지요. 29인의 독립 운동 지도자들은 1919년 4월
10일 중국 상하이에서 제1회 임시의정원 회의를 열었어요. 이
회의에서 국호를 대한민국으로 정하고, 대한민국 임시헌장 10
개 조를 채택하여 헌법과 정부 형태를 갖춘 대한민국 임시정
부를 세웠지요.

국회의 역사가
한눈에 보여요.

임시의정원 전시물

우리나라 국회의 기초가 된 임시의정원의 활동 모습이 전시되어 있어요.
우리나라 국회가 어디에서 어떤 출발을 했는지 잘 알 수 있을 거예요.

대한민국 임시헌장 초안
우리나라는 민주주의 국가이며 모든 국민이
평등하다는 등의 내용이 담겨 있어요.

대한민국임시의정원 회의실에 걸렸던 태극기
대한민국임시의정원 당시에 사용하던 태극
기예요.

대한민국 임시의정원 의원 당선증
대한민국임시의정원 의원으로 당선되었음을
증명해주는 의원당선증이에요.

제헌국회부터 제19대 국회까지

1948년 제헌 국회가 구성된 이래로 국회는 정말 많은 일들을 겪었답니다.
국회가 지금과 같은 모습을 갖추기까지 어떤 일들이 있었는지 간단하게 살펴보아요.

제헌 국회
(1948. 5. 31.~1950. 5. 30.)
헌법을 만들어 대한민국정부를
수립했지요.

제2대 국회
(1950. 5. 31.~1954. 5. 30.)
한국 전쟁 중에 여러 가지
어려운 일들을 겪었지요.

제3대 국회
(1954. 5. 31.~1958. 5. 30.)
반올림 법칙을 적용하여 헌법을
고쳤어요.

1948. 5. 31. 제헌 국회 의원
기념 촬영

1980년 10월 27일 시행된 제8차
개정헌법에 의하여 제10대 국회가
해산되고 국가보위입법회의(1980. 10.
27.~1981. 4. 10.)가 그 권한을
대신하였답니다.

제11대 국회
(1981. 4. 11.~1985. 4. 10.)
국회에서 민주화운동추진협의회
가 활발한 활동을 벌였지요.

제10대 국회
(1979. 3. 12.~1980. 10. 27.)
10·26 사태로 유신체제가
끝났어요.

제12대 국회
(1985. 4. 11.~1988. 5. 29.)
6·29 민주화 선언으로 국민이
대통령을 직접 뽑게 되었어요.

6·29 민주화선언에 따라
개헌논의를 하는 국회

제10대 국회 개원식 장면

제13대 국회
(1988. 5. 30.~1992. 5. 29.)
최초로 청문회가 열렸어요.

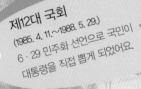

제14대 국회
(1992. 5. 30.~1996. 5. 29.)
지방자치제가 시작되었어요.

제15대 국회
(1996. 5. 30.~2000. 5. 29.)
야당이 최초로 정권을 잡았지요.
IMF의 책임을 묻는 국정조사가
이루어졌어요.

정말 많은 일들이 있었구나. 어려운 일도 잘 이겨 내서 점점 좋아진 거야.

역사가 흐르면 어떤 일이 정말 훌륭했는지 알 수 있지.

5. 16혁명이 일어나 군사정부 국가재건최고회의(1961. 5. 19.~1963. 12. 16.)가 국회의 역할을 대신하였답니다.

제4대 국회

(1958. 5. 31.~1960. 7. 28.)
4 · 19 혁명이 일어났어요.

제5대 국회

(1960. 7. 29.~1961. 5. 16.)
양원제 국회가 처음으로 구성되었어요.

제6대 국회

(1963. 12. 17.~1967. 6. 30.)
일본과의 외교를 정상화하고 베트남에 군대를 보냈어요.

제9대 국회

(1973. 3. 12.~1979. 3. 11.)
유신에 반대하는 민주화 운동이 거세졌던 시기예요.

제8대 국회

(1971. 7. 1.~1972. 10. 17.)
10월 유신이 일어났어요.

제7대 국회

(1967. 7. 1.~1971. 6. 30.)
대통령을 3번이나 할 수 있도록 헌법을 고쳤어요.

제16대 국회

(2000. 5. 30.~2004. 5. 29.)
이라크 전쟁에 국군을 파견하고 대통령을 탄핵 소추한 일도 있었지요.

10월 유신으로 제8대 국회가 해산되자 대통령을 의장, 국무총리를 부의장으로 하고 국무위원으로 구성되는 비상국무회의가 국회를 대신하였답니다.

1972. 10. 17.에 선포된 비상계엄령을 반대하는 국회 의원들의 모습

제17대 국회

(2004. 5. 30.~2008. 5. 29.)
후보자 개인에게는 물론 자신이 지지하는 정당에도 따로 투표할 수 있도록 했어요.

제18대 국회

(2008. 5. 30.~2012. 5. 29)
17대 국회와 마찬가지로 후보자 개인과 지지 정당에 투표하는 비례대표제를 실시했어요.

제19대 국회

(2012. 5. 30.~2016. 5. 29)
국회법을 개정하여 국회 의원의 겸직이나 이익을 취하는 업무를 엄격히 제한했어요.

국민과 함께하는 국회

2층 전시관

2층으로 올라가면 색다른 여러 전시관이 있어요. 이곳은 현재의 국회를 체험할 수 있게 꾸며져 있어 국회에 대한 여러 가지 궁금증을 풀 수 있지요. 국회의 다양한 부서들을 소개하고 내 적성에 맞는 부서를 선택해 볼 수 있어요. 또 정치를 쉽고 재미있게 이해할 수 있는 어린이체험관도 있어요. 그리고 세계 주요 국가의 의회구성 현황까지 한눈에 보고 비교할 수 있도록 정리해 놓았답니다. 뿐만 아니라 의정체험관에서는 여러분이 직접 법률안을 처리하는 모의 국회를 체험할 수 있답니다.

한 눈에 보는 개헌의 역사

1948년 제헌 헌법을 발표한 후 헌법을 아홉 번이나 바꾸었어요. 언제, 어떤 내용을 고쳤는지 간단하게 살펴보아요.

1차 개헌
이승만 대통령은 정권을 연장하기 위해서 직선제를 주요 내용으로 하는 개헌안을 1952년 7월 4일에 국회에서 통과시켰답니다. 그리고 단원제였던 국회를 양원제로 바꾸었지요.

3차 개헌
4·19 혁명으로 이승만 정권이 무너지고 제2공화국이 탄생했어요. 내각책임제로 개헌을 하여 독재 정치를 막을 수 있는 장치를 마련했지요.

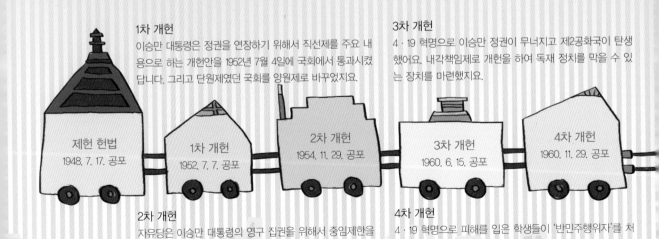

제헌 헌법
1948. 7. 17. 공포

1차 개헌
1952. 7. 7. 공포

2차 개헌
1954. 11. 29. 공포

3차 개헌
1960. 6. 15. 공포

4차 개헌
1960. 11. 29. 공포

2차 개헌
자유당은 이승만 대통령의 영구 집권을 위해서 중임제한을 철폐하자는 헌법개정안을 국회에 제출하였답니다. 이 때 사사오입(반올림)을 우겨 찬성표 135표로 개헌안을 통과시켜 2차 개헌을 사사오입개헌이라고 불러요.

4차 개헌
4·19 혁명으로 피해를 입은 학생들이 '반민주행위자'를 처벌하는 법을 만들라는 요청을 국회가 받아들여 제3차 개헌 후 5개월 만에 부칙만 고치는 개헌을 하였답니다.

헌법, 국가의 최고 법규

헌법은 모든 국가의 법 중에서 가장 근본이 되는 법이에요. 국가의 기본틀과 국민의 자유와 권리 보장에 관한 것들을 정해 놓았기 때문이지요. 모든 법들은 헌법 정신에 맞아야 하고 나라의 정치는 반드시 헌법에 따라 이루어져야 해요.

그럼 우리나라의 헌법은 언제 만들어졌을까요?

조선 왕조가 끝날 무렵 우리나라는 일본의 지배를 받게 되었지요. 많은 독립 운동가들이 감옥에 갇히고 백성들은 인간답지 못한 생활을 하였어요. 이런 고난 속에서 중국 상하이에 있는 임시정부는 1919년에 임시헌법을 만들었지요. 광복 후 본격적으로 시작된 민주주의의 물결을 타고 1948년 7월 17일에 헌법을 공포하였어요. 그 뒤 모두 아홉 차례의 헌법 개정이 있었답니다. 그런데 헌법을 개정할 때 정권을 연장하기 위한 숨은 의도가 있었지요. 하지만 우리나라의 민주주의를 위해 많은 사람들이 노력하고 있으니 좀 더 지켜보도록 해요.

국회는 처음 정부를 만들고 헌법을 만들었을 때의 마음으로 늘 국민의 행복을 위해 노력하고 있어.

5차 개헌
5·16 혁명에 성공한 박정희 소장 등 군부 세력들은 의원내각제를 폐지하고 강력한 대통령제를 채택했어요. 대통령을 4년 연임하도록 하고 다시 단원제 국회로 되돌렸답니다.

7차 개헌
국민의 기본권을 크게 제한하고, 국회의 권한을 줄인 대신 대통령의 권한을 대폭 강화한 개헌이 이루어졌는데, 이를 유신헌법이라고 한답니다.

8차 개헌
대통령의 임기를 7년 단임으로 하고, 국회와 사법부의 권한을 유신헌법 때보다 늘였지만 대통령 선거에 간접 선거 방식을 주장했어요.

5차 개헌
1962. 12. 26. 공포

6차 개헌
1969. 10. 21. 공포

7차 개헌
1972. 12. 17. 공포

8차 개헌
1980. 12. 27. 공포

9차 개헌
1987. 10. 29. 공포

6차 개헌
박정희 대통령이 3선 대통령에 도전할 수 있도록 헌법을 개정하여 3선 개헌이라고 불린답니다.

9차 개헌
대통령직선제 개헌이 포함된 6·29선언을 하게 되었지요. 대통령 임기는 5년 단임제로 확정했어요. 이때 개정된 헌법이 지금까지 유지되고 있어요.

모의 국회의 의원이 되어 보아요

어린이들의 모의 국회 체험

의정체험관에서는 여러분이 직접 국회 의원이 되어 토론도 하고 표결도 해 볼 수 있어요. 법을 만드는 과정을 실제로 경험해 볼 수 있는 곳이지요. 의정체험관을 이용하려면 꼭 예약을 해야 하고, 한 번에 45명씩만 들어갈 수 있답니다. 초등학교 3학년 이상만 이용할 수 있고, 체험에 20여 분의 시간이 걸려요.

어린이 국회 의원 여러분! 준비되었나요? 그럼 의정체험관으로 출발해요. 직원의 안내대로 화면을 따라 회의에 참여해 보세요. 먼저 4개의 안건 중에서 토론하고 싶은 안

내가 드디어 국회 의원이 되었어.

모의 국회 체험하기

직접 국회 의원이 되어 안건을 올리고 토론을 해 보면 우리나라의 정치 제도에 대해 더 깊이 알게 될 거예요.

1. 개의 선포
큰 화면 속에서 의장이 나와 회의의 시작을 알려요. 의사봉을 세 번 탕탕탕 치지요.

2. 법률안 상정과 심사 보고
직접 고른 안건이 법률안으로 상정되면 의원은 그 법률을 제안한 이유에 대해 구체적인 근거와 자료를 들어 발표해요.

건을 골라요. 다수가 선택한 안건을 '반대'와 '찬성'으로 나누어 토론을 해요. 여러분이 직접 찬성측과 반대측 대표로 나와 말할 수 있는 기회도 있으니 용기를 내어 도전해 보세요. 마지막으로 표결이 끝나면 국회 의장이 법안의 가결 또는 부결을 알리고 회의가 끝났음을 알리는 산회를 선포하지요.

나는야 사이버 국회 의원!
인터넷 사이트 대한민국어린이국회(child. assembly.go.kr)에 들어가 보세요. 만들고 싶은 법안을 제안하면 상임위원회, 본회의를 거쳐 법안이 처리되는 과정까지 경험할 수 있어요. '만화본회의' 코너에서는 본회의의 과정을 좀 더 자세히 알아볼 수 있어요.

여기서 잠깐!

국민이 해야 할 일

모의 국회 체험은 어떠했나요? 직접 안건을 상정하고 투표를 해 보니 진짜 국회 의원이 된 것 같았지요? 하지만 이보다 더 중요한 것은 우리나라 민주주의가 더욱 발전하는 것이지요. 그러기 위해서 국민들이 해야 할 일은 무엇일까요? 여러분의 생각을 써 보세요.

_____

_____

※ 가결
회의에 낸 의견을 합당하다고 결정하는 것이에요.

※ 부결
회의에 낸 의견이 받아들여지지 않도록 결정하는 것이에요.

3. 토론
찬성측과 반대측 대표로 토론할 기회가 주어지는데 이미 준비되어 있는 원고를 읽으면 돼요. 여러분의 얼굴이 매직 비전을 통해 나와요.

4. 표결
법안에 대해 가결 또는 부결을 결정해 찬성, 반대, 기권 중 원하는 버튼을 눌러요! 그럼 화면에서 결과를 바로 확인할 수 있어요.

세계의 의회

다른 나라에서는 국회가 어떻게 운영되는지 궁금할 거예요. 세계 속 다양한 모습을 가진 각 나라의 의회로 떠날 준비가 되었나요? 그럼, 출발해 보아요.

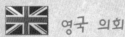 미국 의회

미국은 1787년 제정 헌법에 따라 대통령중심제 정부하의 의회를 구성하고, 양원제를 채택했어요. 미국은 50개 주로 이루어진 연방공화국가라는 특수성으로 각 주를 대표하는 상원과, 국민 전체를 대표하는 하원을 뽑아요. 상원은 주의 크기와 상관없이 주당 의원을 두 명씩 선출해요. 하지만 하원 의원은 인구가 많은 주에서는 많이 뽑고, 인구가 적은 주에서는 적게 뽑지요.

미국의 의사당
미국 수도인 워싱턴 D.C.의 캐피털 언덕에 있어요. 1800년 11월에 국회가 처음 열렸지만 영국의 침략과 화재 등으로 파괴되었지요. 여러 차례 건물을 고쳐 1861년에 와서야 지금의 모습이 되었어요.

어떤 법이 새로 만들어지려면 상·하의원 각각 절반이 넘는 찬성이 필요하답니다. 상원과 하원의 힘은 똑같지만 처리하는 일의 범위는 다르지요. 예를 들어 대통령이 외국과 조약을 맺을 때나, 고위 공무원을 임명할 때는 상원의 동의를 필요로 하고, 예산 법안을 우선 심의하거나 탄핵 소추를 할 권리는 하원에게 있어요.

영국 의회

영국은 국왕이 법에 따라 다스리는 입헌군주국으로 오늘날 민주주의의 대표적 정치체제인 의원내각제를 발전시킨 나라예요. 영국은 특수한 정치적, 역사적 환경 속에서 양원제를 탄생시켰으며, 상원과 하원으로 구성되어 있답니다.

1215년 귀족, 성직자, 시민대표들이 모여 영국 의회의 기초가 만들어지고, 1332년에

영국의 의사당
런던의 템스 강변에 있는 영국의 의사당은 700여 년이 넘는 시간 동안 세계의 의회 정치를 선도해 온 의미 깊은 건물이에요. 원래는 웨스트민스터 궁전이 있었지만 1834년에 큰불이 나 웨스트민스터 홀만 남고 전부 타 버렸답니다. 그 후 찰스 베리라는 사람이 고안한 고딕식 건물로 다시 지어 1867년에 완성되었지요.

는 양원제의 기틀을 마련했지요. 1689년 국회가 국왕을 추방한 뒤부터 의회가 국가의 중심 기구로 발전했어요.

현재 746명의 상원 중 세습직이 92명이고 나머지는 성직 귀족과 종신 귀족 등 임명직 의원으로 구성되어 있어요. 임기에는 제한이 없어요. 5년 임기의 하원은 지역에서 국민들이 직접 선출하며 실질적인 권한을 가지고 있지요. 그런데 2007년 3월에 하원에서 영국 상원 의원 전원을 선거로 뽑는다는 내용의 법안이 통과하여 앞으로 어떤 변화가 있을지 지켜보고 있답니다.

일본의 의사당
1936년 11월에 건설된 이 건물은 당시 일본 제일의 높이를 자랑했어요. 호류사 5층 석탑이 들어갈 정도라고 합니다. 국왕을 맞이할 때, 의원이 처음으로 당선되어 의회에 발을 딛을 때 등 특별한 때만 이용할 수 있는 중앙 현관이 있는데 대리석 위에 깔린 레드 카펫이 웅장함을 더하지요.

 일본 의회

일본은 영국처럼 왕이 있는 입헌군주제 국가로 의회를 양원제로 운영하고 있어요. 일본도 의원내각제를 채택하고 있어 수상이 국회에서 선출되며, 국민이 주권을 갖게 된 1947년부터 참의원과 중의원으로 구성된 일본 국회가 성립되었어요. 참의원은 임기 6년으로 상원에 해당하는데, 3년마다 절반씩 새로 뽑는답니다. 참의원은 국회의 자문기관 역할을 하지요. 중의원은 임기 4년으로 하원에 해당해요. 국회 내에서 참의원과 중의원 사이에 의견 충돌이 일어나면 중의원의 의견을 우선해서 듣지요.

나라마다 의원 선출 방법이나 의원의 지위와 역할이 다르구나!

통일을 준비하는 국회

남북한의 통일을 향한 노력

1945년 8월 15일, 광복의 기쁨도 잠시! 38선을 기준으로 남북이 갈라졌던 우리나라는 한국 전쟁을 겪으며 남북한의 의견 차이는 점점 커지게 되었지요.

1972년 7·4 남북공동성명과 8월 30일 남북적 자회담 때 남북의 대화가 다시 시작되었지만 서로의 입장만 고집하다가 1973년 8월을 끝으로 등을 돌렸어요.

그러다가 1984년 북쪽 수재민을 돕기 위해 열린 남북적 자회담 때 남북이 다시 만났어요. 그 뒤 1985년 9월 20일 이산 가족 고향 방문과 예술단 교환 방문이 있었고, 남북한 정부가 만나게 되었지요.

7·4 남북공동성명
서울과 평양에서 동시에 발표된 '7·4 남북공동성명'으로 분단 이후 남북한이 최초로 통일에 대해 합의를 이루었답니다. 평화적인 방법으로 통일을 이루자는 데 뜻을 같이한 이 성명은 남북한 통일의 길잡이가 되었답니다.

6·15 남북공동선언
최초로 평양에서 남북한의 정상이 만났어요. 김정일 국방위원장이 남한을 방문하여 2차 남북정상회담을 하겠다는 약속을 받아 냈지요. 이때 남북 분단 이후 끊겼던 서울―신의주간 경의선 철도를 연결시키기로 했어요.

1990년대부터는 남북한의 교류와 협력은 더욱 활발해졌어요. 1994년에는 남북의 대표자가 만나기로 했으나 김일성 주석의 사망으로 뜻을 이루지 못했지요. 하지만 1998년 11월 18일 한국 기업과 정부의 노력으로 우리나라 국민들이 금강산을 여행할 수 있게 되었어요. 그리고 2000년 6월 13일에는 드디어 역사적인 남북정상회담이 이루어졌지요. 김대중 대통령과 김정일 국방위원장이 6·15 남북공동선언문을 발표했어요. 2007년 5월 17일에는 분단 뒤 50년 넘게 끊어졌던 철도 경의

노무현 대통령과 김정일 국방위원장과의 2007 남북정상회담

선과 동해선이 북한 지역으로 연결되어 시험 운행을 했지요. 그리고 2007년 10월 2일, 노무현 대통령이 북한에서 김정일 국방위원장과 2차 남북정상회담을 가져 '2007 남북 정상 선언'을 발표했어요. 2018년에는 11년 만에 남북정상회담이 4월 27일과 5월 26일 두 번에 걸쳐 열렸어요. 문재인 대통령과 김정은 국무위원장이 한반도 평화에 대해 논의했답니다.

여기서
잠깐!

1층 국회의장관을 둘러보아요.

국회의장관에는 국회 의원들이 외교 활동 중 받은 기념품들이 전시되어 있어요. 그리고 역대 국회 의장들의 초상화가 있답니다. 잊지 말고 둘러보세요.

통일 방법, 나라마다 다르네!

통일은 남북한의 이산 가족은 물론 우리 민족의 오래된 소망이에요. 통일이 되면 당장 혼란은 있겠지만 국가를 더욱 발전시키고 우리나라의 국제적 지위를 높일 수 있지요. 다른 분단 국가의 통일 과정을 살펴보고 어떤 방법으로 통일을 이루어야 할지 생각해 보아요.

독일의 통일

독일이 제2차 세계대전에서 패배하자 연합국이 서독과 동독으로 나누어 통치하면서부터 분단의 역사가 시작되었어요. 1961년 동독은 베를린에 커다란 장벽을 쌓아 동독 사람이 서독으로 가지 못하게 막았어요.

그러던 중 1969년 서독의 브란트 총리가 서독이 동독과 화합하자는 '동방정책(오스폴리티크)'을 펼쳐 분위기를 바꾸어 나가기 시작했어요. 그리하여 두 나라 국민이 서로 연락을 주고받고, 방문도 할 수 있게 되었지요. 1989년 11월, 분단의 상징물이었던 베를린 장벽이 무너졌지요. 서독은 독일 통일에 협조하면 소련에게 경제 협력을 해 주겠다는 약속을 하고, 독일 통일의 필요성을 세계에 알렸어요. 그 결과 분단 41년 만인 1990년 10월 3일에 독일이 통일할 수 있었어요.

통일 비용이 너무 많이 들어 한동안 경제적 어려움과 사회적 혼란을 겪기도 했지만 국민들의 적극적인 노력으로 1994년부터

통일하는 데 돈이 너무 많이 들었어요. 하지만 잘 이겨 냈어요.

베를린 장벽 붕괴

동독 시민들을 환영하는 서독 시민들

경제가 회복되기 시작했어요. 그리고 다른 문제들도 힘을 모아 해결해 나가고 있어요.

베트남은 경제를 일으키기 위한 노력을 쉬지 않고 있어요.

베트남의 통일

오랫동안 프랑스의 식민지였던 베트남은 북쪽에는 공산주의 국가인 베트남 민주공화국(북베트남)이, 남쪽에는 자유주의 국가인 베트남 공화국(남베트남)이 들어섰지요. 북베트남은 남베트남을 점령하기 위하여 테러 활동을 끊임없이 벌였고, 1975년 4월 30일 북베트남이 사이공을 장악하여 베트남은 사회주의 공화국으로 통일되었어요. 지

북베트남 사이공 점령

금은 자본주의를 받아들여 잘 살자는 '도이모이 정책(Doi Moi)'을 추진하는 등 경제 발전을 위해 애쓰고 있지요.

예멘의 통일

오랫동안 외세의 지배를 받던 예멘은 남북으로 분단된 상태에서 각각 독립을 이루었어요. 북예멘은 자본주의 체제가, 남예멘은 사회주의 체제가 자리를 잡았어요. 그러다 1989년에 통일 헌법을 마련하고, 1990년 5월 22일 통일을 이루었지만 다시 전쟁이 일어나 북예멘이 무력 통일을 이루었어요. 하지만 지금도 통일 후유증으로 여러 가지 어려움을 겪고 있어요.

통일의 주역, 남북 예멘의 정상

서로 합의를 하고 통일을 해도 준비가 부족하면 어려움이 많아요.

국회의사당을 나서며

오늘 국회의사당을 둘러본 소감이 어떤가요? 텔레비전에서만 봐오던 국회의사당을 직접 눈으로 겪어보니 재미있었나요?

국회의사당에서 가장 인상 깊게 본 것은 무엇이었을까요?

국회의사당을 참관한 사람마다 모두 생각이 다를 거예요.

하지만 우리가 모두 똑같이 바라고 소망하는 것이 있지요. 그것은 바로 우리나라의 참된 민주주의겠지요. 우리나라 국회의 제헌 국회부터 지금의 20대 국회까지 참 많은 일을 겪었어요.

독재를 누리기 위한 편법으로 법안을 통과시킨 적도 있었지요.

그뿐이 아니지요. 해마다 정기 국회가 열릴 때마다 텔레비전에 자신만의 주장을 내세우며 서로 싸우고, 몰래 모여서 법안을 통과시키는 좋지 않은 모습을 우리는 자주 봐 왔어요. 하지만 국회가 우리 국민들에게 좋지 않은 모습만을 보여준 것은 아니지요.

국민을 위한, 나라를 위한 참된 모습을 보여 주기 위해 오늘도 노력하고 있지요. 어디 그뿐인가요? 통일이 되었을 때를 대비하여 이에 어울리는 통일 국회를 만들기 위해 열심히 연구하고 있지요.

이렇게 날마다 발전하고 있는 국회의 모습을 우리 함께 지켜보아요.

참된 민주 사회를 만드는 것은 국회 의원에게만 있는 것이 아니에요.

국민들 모두가 국회 의원들의 활동에 좀 더 관심을 갖고 정치에 참여한다면 우리나라 민주 정치의 미래는 밝아질 거예요.

민주주의는 국민 모두의 노력이 필요하다는 사실을 꼭 기억하세요.

나도 민주 정치에
관심을 가지고 참여한다면
멋진 대한민국 국민이
되지 않을까?

국회의사당 주변 돌아보기

카메라맨이 되고
싶은데……. 방송국에
견학 가 볼까?

국회의사당을 둘러 보니 예전과 지금의 국회에게 고마운 마음이 들지요?
여러분 중에서도 이 다음에 이곳 국회에서 일할 친구들이 있을 거예요.
자, 그럼 이제 밖으로 나가 국회의사당 주변 여의도를 돌아 보아요.
여의도는 한강에 모래가 쌓여 생긴 섬이랍니다.
여의도에도 여러분이 가 볼 만한 곳이 매우 많아요.

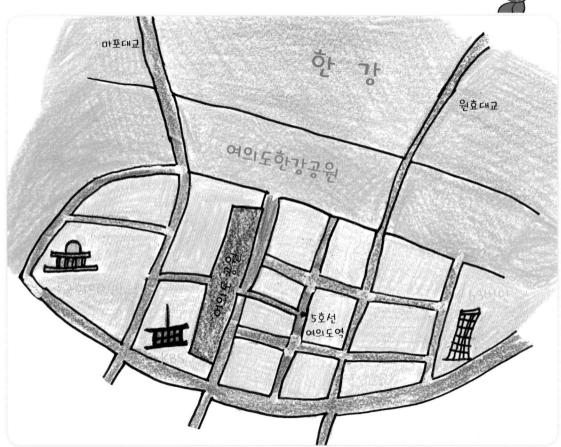

여의도 한강공원

축구장, 수영장, 인라인 스케이트장 등 여러 체육 시설이 있어요.
한강유람선을 탈 수 있는 선착장도 있지요.

| 전화 : 02-3780-0561
| 주소 : 서울특별시 영등포구 여의동로 330

63빌딩

63빌딩이 지어질 때에는 동양에서 가장 높은 건물로 유명했답니다.
이 곳에는 400여 종의 다양한 해양 생물이 사는 수족관과 건물
8층 높이의 스크린이 있는 아이맥스, 서울 시내를 내려다 볼 수
있는 전망대를 비롯한 다양한 시설과 식당 등이 있어요.

| 전화 : 1833-7001
| 주소 : 서울특별시 영등포구 63로 50

한국방송공사

KBS라는 이름으로 더 많이 알려졌죠? 나라에서 운영하는 라디오와
텔레비전 방송국이에요. 본관에는 견학홀도 있으니 꼭 들러 보세요.

| 입장 시간 : 09:30~17:30
　　　　　　매월 첫째 월요일과 1월 1일, 설날, 추석 연휴에는 볼 수
　　　　　　없어요. 11명 이상 단체 관람을 원하면 홈페이지를 통해
　　　　　　예약하면 돼요.
| 전화 : 02-781-2224~5
| 주소 : 서울특별시 영등포구 여의공원로 13

여의도공원

자전거와 인라인 스케이트를 타던 여의도광장을 1997년부터 공원으로
바꾸어 1999년부터 지금의 여의도공원이 되었어요. 한국 전통의 숲,
잔디마당, 문화의 마당, 자연생태의 숲으로 이루어져 있어요.
자전거를 탈 때는 붉은색 길, 산책할 때는 푸른색 길을 사용해요.

| 전화 : 02-761-4078~9
| 주소 : 서울특별시 영등포구 여의공원로 68

나는 국회의사당 박사!

국회의사당은 잘 둘러보았나요? 제헌 국회 설립 당시부터 지금까지 우리나라 국회의 역사를 한눈에 볼 수 있었을 거예요. 국회의사당을 참관하면서 보고 들은 것과 책에서 읽은 내용을 바탕으로 다음 문제들을 풀어 보아요.

① OX 퀴즈를 풀어 보세요.

다음 글을 읽고 맞으면 O, 틀리면 X표를 해 보세요.

1. 우리나라는 양원제 국회와 의원내각제를 채택하고 있어요. (　　)

2. 제20대 국회 의원은 모두 300명이에요. (　　)

3. 현재 우리나라 국회 의원의 임기는 4년이에요. (　　)

4. 국회 의원을 뽑을 수 있는 선거권은 만 20세 이상에게 주어져요. (　　)

5. 만 40세 이상이 되어야 국회 의원 선거에 후보로 등록할 수 있어요. (　　)

6. 국회의 본회의는 일반인들에게 공개되지 않아요. (　　)

7. 국회에서는 정부가 짠 예산안을 살펴보고 확정하는 권한을 가지고 있어요. (　　)

② 바르게 연결해 보세요

국회 회의와 관련된 용어와 풀이를 알맞게 연결해 보세요.

① 국회가 회기 중 일정 기간 회의를 열지 않아요.　　　•

② 제안에 대해 토의한 후 찬성하기로 결정하는
　　것이에요.　　　•

③ 그날 의사 일정에 올린 안건을 모두 처리하여
　　회의를 끝내는 것이에요.　　　•

④ 제안에 대해 토의한 후 반대하기로 결정해요.　　　•

⑤ 회의장이 시끄럽고 질서가 지켜지지 않은 경우
　　회의를 잠시 중단해요.　　　•

⑥ 일단 멈추었던 회의를 다시 시작해요.　　　•

•　산회

•　휴회

•　가결

•　속개

•　정회

•　부결

③ 십자말 풀이를 해 보세요.

지금껏 보고 배운 내용을 다시 한 번 떠올리며 아래 가로열쇠와 세로열쇠를 읽고
빈 칸에 알맞은 단어를 써 보세요.

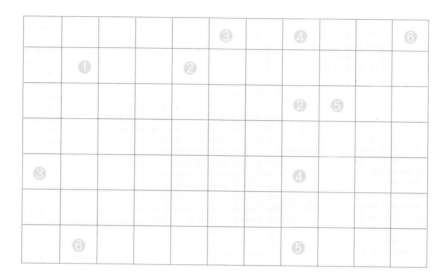

가로열쇠

1. 1919년 상해에서 설립된 대한민국 임시정부의 입법
   기관으로 우리 국회의 시초가 되었어요.

2. 8 · 15 광복 후 나라를 다스리기 위한 가장 기본법인
   '헌법'을 만들기 위해 최초로 구성된 국회예요.

3. 국회의 구성원인 국회 의원이 모두 모여 국가의 중
   요 문제를 논의하고, 각 위원회에서 심사한 안건을
   최종적으로 결정하는 회의예요.

4. 회의가 시작될 때부터 끝날 때까지의 기간을 말해
   요.

5. 국회의사당의 각종 시설물과 전시물을 둘러보는 것
   이에요.

6. 국회 의원이 국회에서 직무상 한 발언과 표결에 관
   하여 국회 밖에서 책임지지 않는 특권이에요.

세로열쇠

1. 국회에서 의원을 각 전문 부분별로 나누어 조직한 위원
   회로 행정부처에 따라 구성되어요.

2. 정치적으로 뜻을 같이하는 사람들이 자신들의 생각이
   나 정책 등을 실현시키기 위해 만든 단체예요.

3. 양원제 의회를 채택하고 있는 국가에서 국민의 직접 선
   거에 의하여 선출된 국민의 대표자로 구성되는 의원이
   에요.

4. 의회가 국민에 의하여 선출된 의원들로 구성되는 단일
   합의체 제도를 말하며 일원제라고도 해요.

5. 국회 50년을 영상물 그리고 의안문서 등의 자료로 전시
   하여 국회의 기능과 역할, 국회의 발자취 등을 한눈에
   볼 수 있어요.

6. 국회에서 매년 1회, 9월 1일에 열리는 회의예요.

→ 정답은 56쪽에

나는야 예비국회 의원!

국회의사당과 헌정기념관을 재미있게 둘러보았나요? 이곳들을 둘러보고 나니 우리나라의
민주주의에 대해 다시 생각하게 되네요. 특히 헌정기념관에서는 모의국회체험까지 해 보았으니
내가 국회 의원이 되어보는 것은 어떨까요? 그런 의미에서 국회 의원 선거 포스터를 만들어 보아요.

우아
잘 그렸다~!

기호 1 아름다운당
김아름

모두 아름다운 꿈을 꾸는
아름다운 대한민국을 만들어요

1 먼저 사진을 찍을 것인지 그림을 그릴 것인지 결정해요.

2 내가 속하게 될 당의 이름과 나를 표현할 수 있는 문구를 만들어요.

3 내 얼굴을 그리고 당의 이름, 기호, 문구 등을 써넣어요.

내가 국회 의원이
되면 어떤 일을
하지?

▶ 당의 이름을 만들어요.
당의 이름에 의미를 담아 보세요.
그럼 멋진 당의 이름이 나올 거예요.

대한민국이 아름다워지는
아름다운당

▶ 내가 국회 의원이 된다면
지역 주민들을 위해 꼭 해야 할
일들이 있어요. 우리 지역 주민들은
국회 의원이 무엇을 해 주기를 바랄까요? 주민들 앞에서
연설을 해야 하니 지역 주민을 위한 공약을 만들어요.

제가 국회 의원이 되면 환경이 오염되지 않는 깨끗한 도시를
만드는 것이 꿈이에요. 깨끗한 도시를 위해 제가 할 수 있는
일들은 다음과 같아요.

가. 쓰레기를 모아 난방 자원으로 재활용할 수 있도록 하겠어요.
나. 주변에 나무를 많이 심어 녹색 도시를 만들겠어요.
다. 대기 오염이 되지 않도록 전기 자동차를 만들겠어요.

김아름과 함께
아름다운 대한민국을
만들어 가요!!!

▶ 나를 홍보할 때
필요한 구호를 여러 개
만들어 보아요.

가. 깨끗한 도시, 아름다운 도시를 만들어 가는
아름다운당 기호 1번 김아름
나. 마음껏 숨쉴 수 있는 깨끗한 도시,
저 김아름이 만들겠습니다.
다. 모두가 꿈꾸는 환경도시,
저 김아름과 함께 만들어 가요.

정답

여기서 잠깐!

15쪽

1. (100)명 이상의 국회 의원이 출석해야 회의가 열릴 수 있어요.
2. 어떤 안건에 대하여 최종적으로 의사 결정을 할 때에는 (250)명 이상의 국회 의원이 출석을 해야 하고 (125)명 이상의 의원이 찬성을 해야 통과될 수 있어요.

17쪽

예산결산특별위원회 • ━ • 고위 공무원이나 헌법재판소 재판관, 중앙 선거관리위원회 위원 등을 선출할 때 후보자를 평가해요.

윤리특별위원회 • ━ • 나라에서 다음 1년 동안 사용할 예산이 잘 짜였는지, 지난 1년 동안 예산을 잘 사용했는지 심사해요.

인사청문특별위원회 • ━ • 의원의 자격과 윤리에 관한 사항을 심사해요.

25쪽

직접선거 • ━ • 선거법에 정해진 연령의 대한민국 국민이면 누구나 선거에 참여할 수 있어요.

비밀선거 • ━ • 성별, 빈부, 학력에 관계 없이 누구나 똑같이 한 표의 투표권을 행사해요.

보통선거 • ━ • 선거권을 가진 사람이 직접 투표를 해야 돼요. 남을 대신하여 투표를 할 수 없어요.

평등선거 • ━ • 누구에게 투표했는지를 다른 사람들이 모르게 하여 자유로운 선택을 할 수 있도록 해요.

30쪽 ④

41쪽

다양한 의견이 나올 수 있을 거예요. 선거에 꼭 참여한다거나, 후보의 공약을 보고 투표를 한다거나, 혹은 국가 예산을 낭비하지 못하게 감시할 수 있겠지요?

나는 국회의사당 박사!

❶ OX 퀴즈를 풀어 보세요.

1. 우리나라는 양원제 국회와 의원내각제를 채택하고 있어요. (X)

2. 제20대 국회 의원은 모두 300명이에요. (X)

3. 현재 우리나라 국회 의원의 임기는 4년이에요. (O)

4. 국회 의원을 뽑을 수 있는 선거권은 20세 이상에게 주어져요. (X)

5. 만 40세 이상이 되어야 국회 의원 선거에 후보로 등록할 수 있어요. (X)

6. 국회의 본회의는 일반인들에게 공개되지 않아요. (X)

7. 국회에서는 정부가 짠 예산안을 살펴보고 확정하는 권한을 가지고 있어요. (O)

❷ 바르게 연결해 보세요.

① 국회가 회기 중 일정 기간 회의를 열지 않아요.   휴회

② 제안에 대해 토의한 후 찬성하기로 결정하는 것이에요.   가결

③ 그날 의사 일정에 올린 안건을 모두 처리하여 회의를 끝내는 것이에요.   산회

④ 제안에 대해 토의한 후 반대하기로 결정해요.   부결

⑤ 회의장이 시끄럽고 질서가 지켜지지 않은 경우 회의를 잠시 중단해요.   정회

⑥ 일단 멈추었던 회의를 다시 시작해요.   속개

❸ 십자말 풀이를 해 보세요.

상			하		단		정
임	시	의	정	원	원		기
위		당			제	헌	국	회
원					정		
본	회	의			회	기	
						념	
	면	책	특	권		참	관

56

사진 출처

국회의사당 p3(국회의사당 전경), p6~7(국회의사당 전경), p8(경남도청 무덕전), p9(국회의사당 전경), p10(십장생 무늬 문), p10(신익희 동상), p10(신익희 동상), p10~11(로턴타 홀), p11(좌대), p11(이승만 동상), p11(올려다 본 돔 천장), p11(로턴타 홀의 바닥), p11(각 층의 발코니 난간), p12(제1회의장), p12(기표소), p13(국회 마크), p15(의사봉), p16(여성가족위원회 회의 장면), p16(예산결산특별위원회 회의 장면), p20~21(의원회관), p20~21(인사청문회), p32~33(헌정기념관), p33(상징부조), p34(1층 전시관), p34(8 · 15광복—송영방 그림), p34(대한민국 건국—민성기 그림), p34(제헌 국회 개원 및 건국헌법 공포—조억현 그림), p35(남조선과도입법의원 개원식), p35(대한민국 임시정부의 국회인 임시의정원), p35(대한민국 임시 헌장 초안), p35(대한민국 임시의정원 회의실에 걸렸던 태극기), p35(대한민국 임시의정원 의원 당선증), p36(1948. 5. 31. 제헌 국회 의원 기념 촬영), p36(6 · 29 민주화선언에 따라 개헌 논의를 하는 국회), p36(제10대 국회 개원식 장면), p37(1972. 10. 17.에 선포된 비상계엄령을 반대한 국회 의원들의 모습), p38(2층 전시관), p40(어린이들의 모의 국회 체험), p40(개의선포), p40(법률안 상정과 심사 보고), p41(토론), p41(표결), p42(미국 국회의사당), p43(영국 의사당), p43(일본 의사당), p44(7 · 4 남북공동성명), p46(6 · 15 남북공동선언), p45(전시실 내부), p46(베를린 장벽 붕괴), p46(동독 시민들을 환영하는 서독 시민들), p47(북베트남 사이공 점령), p47(통일의 주역, 남북 예멘의 정상)

연합뉴스 p8(중앙청 건물), p27(학교 가족 투표), p29(국정감사), p29(사형제도 폐지 및 종신형 입법화를 위한 토론회), p45(노무현 대통령과 김정일 국방위원장의 2007 남북정상회담)

주니어김영사 p9(서울특별시 의회 건물), p13(해태상)

초등학교 교과서와 관련된 학년별 현장 체험학습 추천 장소

1학년 1학기 (21곳)	1학년 2학기 (18곳)	2학년 1학기 (21곳)	2학년 2학기 (25곳)	3학년 1학기 (31곳)	3학년 2학기 (37곳)
철도박물관	농촌 체험	소방서와 경찰서	소방서와 경찰서	경희대자연사박물관	IT월드(과천정보나라)
소방서와 경찰서	광릉	서울대공원 동물원	서울대공원 동물원	광릉수목원	강원도
시민안전체험관	홍릉 산림과학관	농촌 체험	강릉단오제	국립민속박물관	경희대자연사박물관
천마산	소방서와 경찰서	천마산	천마산	국립서울과학관	광릉수목원
서울대공원 동물원	월드컵공원	남산골 한옥마을	월드컵공원	국립중앙박물관	국립경주박물관
농촌 체험	시민안전체험관	한국민속촌	남산골 한옥마을	기상청	국립고궁박물관
코엑스 아쿠아리움	서울대공원 동물원	국립서울과학관	한국민속촌	서대문자연사박물관	국립국악박물관
선유도공원	우포늪	서울숲	농촌 체험	선유도공원	국립부여박물관
양재천	철새	갯벌	서울숲	시장 체험	국립서울과학관
한강	코엑스 아쿠아리움	양재천	양재천	신문박물관	남산
에버랜드	짚풀생활사박물관	동굴	선유도공원	경상북도	남산골 한옥마을
서울숲	국악박물관	고성 공룡박물관	불국사와 석굴암	양재천	롯데월드 민속박물관
갯벌	천문대	코엑스 아쿠아리움	국립중앙박물관	경기도	국립민속박물관
고성 공룡박물관	자연생태박물관	옹기민속박물관	국립민속박물관	이화여대자연사박물관	삼성어린이박물관
서대문자연사박물관	세종문화회관	기상청	전쟁기념관	전쟁기념관	서대문자연사박물관
옹기민속박물관	예술의 전당	시장 체험	판소리	천마산	선유도공원
어린이 교통공원	어린이대공원	에버랜드	DMZ	한강	소방서와 경찰서
어린이 도서관	서울놀이마당	경복궁	시장 체험	화폐금융박물관	시민안전체험관
서울대공원		강릉단오제	광릉	호림박물관	경상북도
남산자연공원		몽촌역사관	홍릉 산림과학관	홍릉 산림과학관	월드컵공원
삼성어린이박물관		국립현대미술관	국립현충원	우포늪	육군사관학교
			국립4·19묘지	소나무 극장	해군사관학교
			지구촌민속박물관	예지원	공군사관학교
			우정박물관	자운서원	철도박물관
			한국통신박물관	서울타워	이화여대자연사박물관
				국립중앙과학관	제주도
				엑스포과학공원	천마산
				올림픽공원	천문대
				전라남도	태백석탄박물관
				경상남도	판소리박물관
				허준박물관	한국민속촌
					임진각
					오두산 통일전망대
					한국천문연구원
					종이미술박물관
					짚풀생활사박물관
					토탈야외미술관